Collection ENGEL-GROS

BEAUX MANUSCRITS

Des XIVe et XVe siècles

INCUNABLES

RICHES RELIURES

Des XVe et XVIe siècles

COLLECTION
ENGEL-GROS

CONDITIONS DE LA VENTE

Elle aura lieu au comptant.

Les acquéreurs paieront **17 fr. 50 pour cent** en sus des enchères.

Aucune réclamation ne sera admise une fois l'adjudication prononcée.

ORDRE DE LA VACATION

Incunables	20 à 49
Reliures	50 à 64
Reliures et manuscrits arabes et persans	65 à 72
Livres d'amis	73 à 83
Manuscrits	1 et 2
Manuscrits	4 à 19
Très riche manuscrit du xve siècle	3

Paris. — Imp. Georges Petit. — 097-21.

CATALOGUE

DES

BEAUX MANUSCRITS

FRANÇAIS, FLAMAND ET ITALIENS

DES XIVe ET XVe SIÈCLES

INCUNABLES

RICHES RELIURES

DES XVe ET XVIe SIÈCLES

FRANÇAISES, VÉNITIENNES, ORIENTALES, PERSANES, ETC.

NOMBREUX LIVRES D'AMIS AVEC DESSINS ET MINIATURES

PROVENANT DE LA

COLLECTION ENGEL-GROS

ET DONT LA VENTE AURA LIEU A PARIS

GALERIE GEORGES PETIT

8, RUE DE SÈZE, 8

Le Jeudi 2 Juin 1921, à deux heures

COMMISSAIRE-PRISEUR	LIBRAIRE-EXPERT
Me F. LAIR-DUBREUIL	M. HENRI LECLERC
6, rue Favart, 6	219, rue Saint-Honoré, 219

EXPOSITIONS

PARTICULIÈRE : *Le Samedi 28 Mai 1921, de 2 heures à 6 heures.*

PUBLIQUE { *Le Dimanche 29 Mai 1921, de 2 heures à 6 heures.*
Le Mercredi 1er Juin 1921, de 2 h. à 6 h. — PETITE GALERIE.

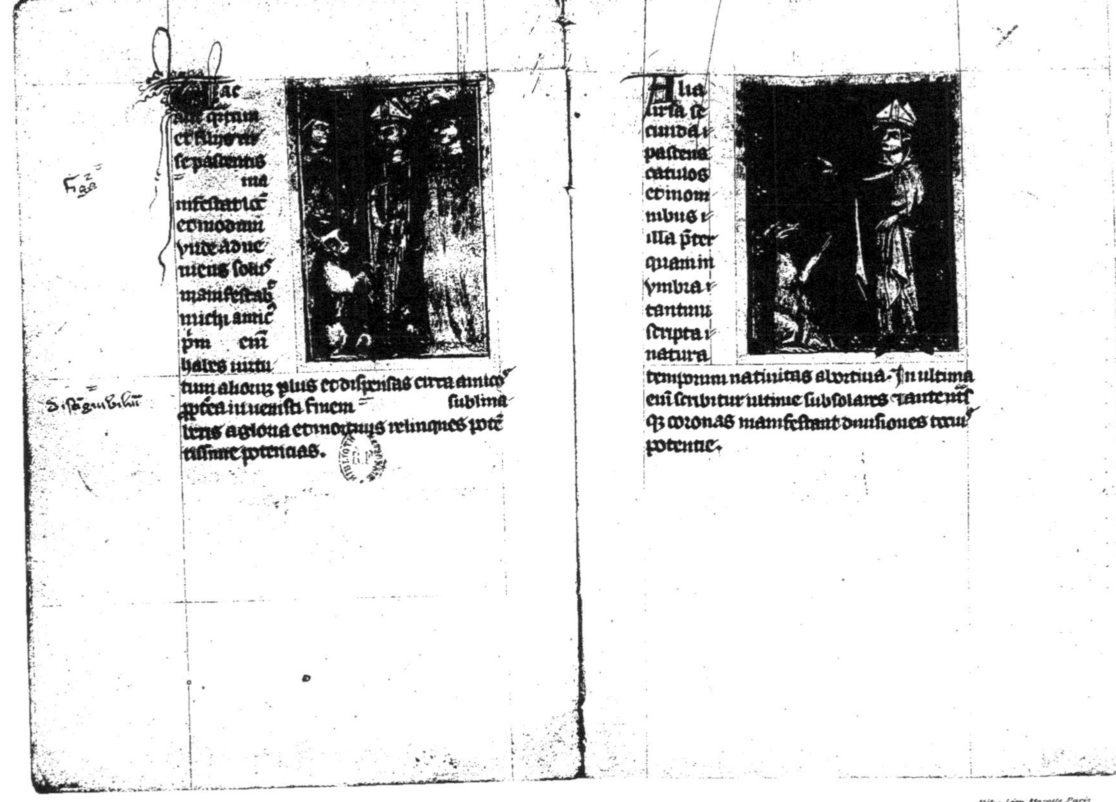

MANUSCRITS

1 — « **Sibillarius** ». — Petit in-8° de 45 feuillets, couverture parchemin.

Manuscrit du commencement du XIVe siècle, sur parchemin, très important pour l'étude des textes sibyllins et des adaptations dont ils furent l'objet, surtout en Italie, à la fin du XIIIe siècle et au début du siècle suivant. Il porte comme titre « De imperatore » — ce titre a été, dès le XIVe siècle, reproduit sur la couverture — et commence comme il suit : « Incipit Sibillarius quem fecit sibilla filia Manasses regis [sibilla decima Tyburtina], quando in monte Aventino ducta fuit ab imperatore Trojano etpopulo Romano... » La première partie paraît s'arrêter au fol. 14 v°, avec les mots suivants : « ...Post hec Dominus de celo veniet ad judicandum seculum per ignem quod nullus scit hanc horam nec dies nec annos ejus et sic erit judicii signum. »

Ce qui suit (fol. 15-22) est plus particulièrement consacré au pape et se trouve illustré de quinze miniatures fort curieuses, d'origine italienne, dans plusieurs desquelles on voit un évêque accompagné d'animaux divers. Premiers mots : « Sevus nequam ursus catulos pascens .. »

La troisième partie est la plus considérable et occupe les feuillets 23-43. Premiers mots : « De laudato paupere et electo imperatore noto et ignoto habitante in prima extremitate Bizancii... » En marge du fol. 36, une main contemporaine a mis : « Iste papa speravit in regem Francie et ideo regnum Francie perditur et ipse peribit.» Parmi les derniers chapitres deux commencent comme il suit : « Anno M CCC decem bis VII, dabit ether vina, bladum...» (fol. 40). « Universis et singulis ad quos littere iste pervenerunt magister Johannes de Davidis Tollectanus... Noveritis quod anno Domini M CCC (un blanc) mense septembris sole existente in libra convenient omnes planete insimul... » (fol. 40 v°). « In nomine Domini, amen. Anno Domini M CCC septimo viceno, mense sexto, regnante profunda scientia, petra patietur... » (fol. 42). Derniers mots (fol. 43) : « ... agnum collocabit in sceptrum bestie in Babilonem sedes ejus modicum tempus erit. »

Une main contemporaine a transcrit, aux fol. 43 v°-44, le récit d'une vision d'un moine de Citeaux : « Anno Domini millesimo CCC XL VI, facta est quedam visio in claustro cisterciensis ordinis. Quidam monachus celebrabat missam et inter absolucionem et communionem misse apparuit quedam manus scribens... ». — Le feuillet 45 est en partie coupé.

2 — **Horæ**. — In-32 de 159 feuillets, veau brun, fil. et fers à froid. (*Rel. du XVI*[e] *siècle, fatig.*)

Manuscrit du xive siècle, sur parchemin, orné de trois miniatures, d'initiales décorées et d'encadrements. Il a malheureusement souffert de l'humidité et les miniatures sont en très mauvais état; il est, en outre, incomplet de plusieurs feuillets.

Au calendrier manque le mois de juin. Le mois de janvier a été refait, au xvie s., par une main qui a ajouté, dans les autres mois, plusieurs fêtes caractéristiques qui montrent que ce livre d'Heures se trouvait alors dans le Limousin : « Dedicacio ecclesie S. Juniani » (11 janvier); « Revelatio S. Juniani » (7 mai); « Juniani, abbatis » (13 août); « Translatio S. Juniani » (5 nov.); « Eutropii, episcopi » (30 avril); « Euparchii, confessoris » (3 juillet).

Plusieurs anciens possesseurs y ont laissé leurs noms,

Hélio Léon Marotte Paris

tant sur des feuillets de garde, que sur un cahier de cinq feuillets ajouté en tête : « Légué par M. Babinet, curé de Buxerolle » (xviie s.). — « Le présent livre est à moy, Jehan de Chaulmont » (xviie s.). — « N. Boucard, prestre » (xviiie s.). Au bas du fol. 71 se trouvaient des armes qui ont été grattées.

3 — **HORÆ.** — Petit in-4° de 170 feuillets; ais de bois recouverts de velours bleu, dans un étui.

TRÈS RICHE MANUSCRIT de la seconde moitié du xve siècle, orné, à chaque page, de miniatures et de somptueux encadrements, formés de rinceaux de fleurs et de feuillages stylisés. Le nombre des grandes miniatures est de 39; celui des petites, placées au calendrier et dans les encadrements, dépasse 800. Chaque page, en effet, contient régulièrement 3 petites miniatures; il n'y a d'exception que pour quelques-unes des pages sur lesquelles sont les miniatures principales.

La miniature de la marge du haut est presque toujours consacrée à une figure grotesque ; on y trouve, par suite, une extraordinaire série d'animaux fantastiques : singes, renards, sirènes, oiseaux, etc., dans les poses et les occupations les plus diverses. Les sujets des miniatures placées dans les marges extérieures et dans celles du bas sont empruntés à l'histoire des Hébreux (histoire de Moïse, de Joseph, du roi David, etc.) et aux fêtes ou vies des saints qui font l'objet des grandes miniatures. Le même sujet est répété, mais retourné, au recto et au verso.

Les miniatures du calendrier sont particulièrement curieuses. C'est ainsi qu'on y voit, au mois de février, des jeunes gens jouant au golf; au mois d'avril, des scènes de communion pascale et de promenade ; au mois de mai, des rondes et jeux divers ; au mois de juin, une joute nautique, et au mois de décembre, une bataille avec des boules de neige.

Le calendrier est en français et les noms de saints y sont écrits, alternativement, en lettres rouges et en lettres bleues ; quelques-uns sont, en outre, en lettres d'or. Parmi ces derniers, on remarque ceux de S. « Père » chaire de S. Pierre (22 février), S. Grégoire (12 mars), S. George (21 avril), S. Yves (19 mai), S. Gille (1er sept.), Ste Croix (14 sept.), S. Denis (9 oct.), etc.

Les grandes miniatures sont consacrées aux sujets suivants : 1° Quatre Evangélistes (fol. 13) dans une miniature à 4 compartiments au bas de laquelle est représentée la scène de S. Jean l'Évangéliste jeté dans une chaudière ou tonneau rempli d'huile bouillante ; 2° Annonciation (fol. 15) ; 3° Visitation (fol. 32) ; 4° Nativité (fol. 43 v°) ; 5° Annonciation aux Bergers (fol. 47 v°) ; 6° Adoration des Mages (fol. 51) ; 7° Purification (fol. 54 v°) ; 8° Fuite en Egypte (fol. 58) ; 9° Trinité (fol. 63 v°) ; 10° Baiser de Judas (fol. 83) ; 11° Pentecôte (fol. 85) ; 12° Jésus au Jardin des Oliviers (fol. 86) ; 13° Jésus portant sa croix, avec, dans le bas, les ouvriers qui fabriquent la croix (fol. 88) ; 14° Jésus cloué sur la croix, avec, dans le bas, Ste Véronique (fol. 89 v°) ; 15° Calvaire (fol. 91), avec, dans le bas, les soldats qui jouent aux dés ; 16° Descente de croix (fol. 92), avec, dans le bas, une Pieta ; 17° Mise au tombeau (fol. 94), avec, dans le bas, la Résurrection ; 18° Roi David (fol. 97) ; 19° Jugement dernier (fol. 116) ; 20° La Vierge avec l'Enfant Jésus (fol. 147) et, dans le bas, la dame pour laquelle le manuscrit semble avoir été fait ; 21° Trinité (fol. 151 v°) ; 22° S. Pierre et S. Paul (fol. 152 v°) ; 23° S. Jean-Baptiste (fol. 153 v°) ; 24° S. Michel (fol. 154 v°) ; 25° S. Etienne (fol. 155 v°) ; 26° S. Laurent (fol. 156 v°) ; 27° S. Christophe (fol. 157 v°) ; 28° S. Georges (fol. 158 v°) ; 29° S. Nicolas (fol. 159 v°) ; 30° S. Eloi (fol. 160 v°) ; 31° S. Martin (fol. 161 v°) ; 32° S. Sébastien (fol. 162 v°) ; 33° S. Antoine (fol. 163 v°) tenté par le diable qui se présente sous l'apparence d'une femme honnête mais dont les griffes se voient au-dessous de la jupe et dont les cornes percent le hennin ; 34° Ste Marie-Madeleine (fol. 164 v°) ; 35° Ste Catherine (fol. 165 v°) ; 36° Ste Marguerite (fol. 166 v°) ; 37° Ste Appollonie (fol. 167 v°) ; 38° Onze mille vierges (fol. 168 v°) ; 39° La Toussaint (fol. 169 v°).

Ce superbe manuscrit, dont la conservation est parfaite, provient de la collection H. Bordes.

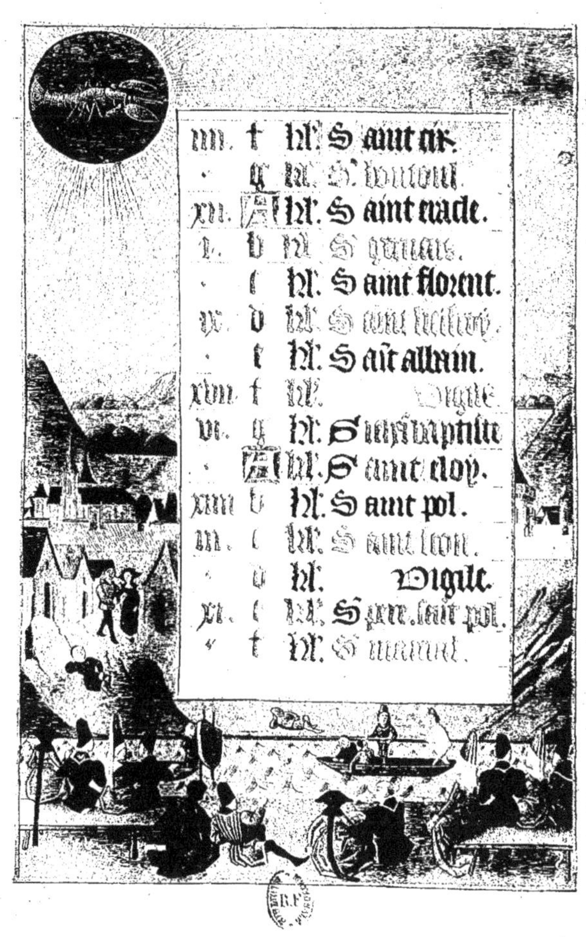

Incipit offitium bte
uirginis marie ſm r
romanam ecclesiam
Ad mattutinum
labia mea aperies
Et os meum annuntia

5

4 — **Horæ.** — In-8° de 117 feuillets ; vélin, fil. et et milieux ornés, tr. dor. (*Rel. anc. avec dos de veau plus récent.*)

Manuscrit du xve siècle, sur parchemin, orné de neuf miniatures qui ont beaucoup souffert de l'humidité : 1° Visitation (fol. 47) ; 2° Nativité (fol. 38) ; 3° Annonciation aux Bergers (fol. 63 v°) ; 4° Adoration des Mages (fol. 68) ; 5° Purification (fol. 72) ; 6° Fuite en Egypte (fol. 76) ; 7° Couronnement de la Vierge (fol. 82 v°) ; 8° Dieu le Père (fol. 89) ; 9° Jésus en croix, avec la Vierge et S. Jean (fol. 106).

Une main, du xve siècle, y a ajouté, aux fol. 2-4 et 21 v°-25, deux longues prières, en français, adressées la première à Jésus-Christ et la seconde à la Vierge.

Le calendrier, qui occupe les feuillets 5-16, est en français et écrit en lettres rouges, bleues ou dorées, mais il est un peu abîmé. Plusieurs feuillets manquent dans le corps du volume.

Ce manuscrit appartenait, au xvie siècle, à un de Croy, qui y a mis sa signature, au fol. 88 v° : « Vostre à jamès, tant qu'il durra. C (?) de Croy ». Il serait passé, au xviie siècle, d'après une note qu'on lit sur un feuillet de garde, à une « princesse de Nassau ».

Le fer qui est frappé sur la reliure représente la Vierge tenant l'Enfant Jésus, avec, comme exergue, « Santa Maria ora pro nobis. »

5 — **Officium Beate Virginis Marie** secundum Romanam ecclesiam. » Gr. in-16 de 240 feuillets; mar. tête de nègre, compart. de fil. à la Grolier, tr. dor. (*Marius Michel.*)

Joli manuscrit du xve siècle, sur parchemin, d'origine italienne, orné de quatre grandes miniatures, de quatre lettres historiées et de nombreuses initiales peintes ou dorées. Les miniatures sont toutes aux versos des feuillets et les lettres historiées sur les pages qui leur font face. Elles sont, les unes et les autres, accompagnées de riches encadrements, que le couteau du relieur a légèrement atteints.

Les miniatures sont aussi remarquables par le dessin que par la couleur et constituent de petits tableaux d'une grande finesse. Celle de la Présentation est particulièrement belle.

1° Annonciation (fol. 13 v°); 2° Résurrection du fils de la veuve de Naïm (fol. 114 v°); 3° Roi David (fol. 183 v°), en tête des « Septem Psalmi penitentiales »; 4° Présentation de la Vierge Marie au Temple (fol. 214 v°).

Les armes suivantes sont peintes dans l'encadrement de la miniature de l'Annonciation et dans celui de la page qui lui fait face.

1° (fol. 13 v°) D'argent à une croix pattée de gueules, cantonnée de 4 aigles de sable, avec, sur le tout, un écu écartelé au 1 et 4 de gueules au lion d'argent, au 2 et 3, pavé de sable et d'or de sept pièces, qui sont les armes des Gonzague.

2° (fol. 14) Ecartelé au 1 et 4 d'azur à trois fleurs de lis d'or (France), au 2 et 3 d'azur à l'aigle d'argent et à la bordure denchée d'or sur gueules (Albret d'Orval ?).

6 — **Officium Beate Virginis Marie** secundum consuetudinem curie Romane. — In-32 de 246 feuillets; mar. vert, pet. dent. et fleurons. (*Rel. du XVIIIe siècle.*)

TRÈS JOLI PETIT MANUSCRIT du XVe siècle, sur parchemin, d'origine italienne; il est orné de 14 grandes miniatures, d'une lettre historiée (roi David dans la lettre D de Domine) et d'initiales en couleurs isolées sur fond d'or. Cette origine est confirmée par certains des noms de saints qu'on relève dans le calendrier : « Translatio S. Augustini », à Pavie (20 février); « S. Syri, episcopi Papiensis » (17 mai); « S. Kalimeri, episcopi et confessoris », à Milan (31 juillet); « S. Nicolai de Tolentino » (10 sept.); « S. Cerboni, episcopi », à l'île d'Elbe (10 oct.), etc.

Les grandes miniatures, presque toutes à pleine

10

6

Hélio Léon Marotte Paris

page, sont très fines et d'une belle couleur; elles sont consacrées aux sujets suivants : 1° Annonciation, avec un riche encadrement (fol. 14); 2° Visitation (fol. 29 v°); 3° Nativité (fol. 45 v°); 4° Adoration des Mages (fol. 52); 5° Purification (fol. 58 v°); 6° Fuite en Égypte (fol. 64 v°); 7° Massacre des Innocents (fol. 70 v°); 8° Jésus devant les docteurs (fol. 81); 9° Chant des litanies (fol. 129 v°); 10° La Mort sortant d'un tombeau, à l'Office des morts (fol. 144); 11° Ecce Homo (fol. 191), en tête de l'« Officium sanctissime crucis »; 12° La Pentecôte, en tête de l'« Officium Spiritus Sancti » (fol. 197 v°); 13° L'Assomption, en tête de la « Missa Beate Virginis Marie » (fol. 202 v°); 14° S. Jérôme (fol. 215 v°).

Provient de la bibliothèque de Fr.-A. Filippi, dont l'ex-libris imprimé est collé à l'intérieur du premier plat.

7 — **Lucano** (Fol. 1 r°). Incomincia il primo libro di Lvca || no . de . facti . di . Roma . &x . di Cesare || et . di Galias . tradvcto di . latino verso . in prosa . volgare. In-fol. de 98 ff.; ais de bois recouverts de veau brun, compart. de fil., encadr. et milieu ornés d'arabesques à froid, tr. dor., traces d'attaches. (*Rel. du début du XVIe siècle.*)

Beau manuscrit italien de la fin du xve siècle sur vélin, écrit en lettres rondes; il est orné, à la première page, d'un très riche encadrement de rinceaux avec personnages, amours, fleurs, animaux, et armoiries au bas, et d'une belle initiale renfermant un personnage lisant d'une très jolie exécution.

De plus, une jolie initiale, de rinceaux et de fleurs, se trouve en tête de chacun des neuf livres dont l'intitulé est en lettres rouges.

Au recto du dernier feuillet, les cinq dernières lignes du texte ont été refaites. Le dernier feuillet de garde a été en partie doublé par une feuille de papier portant le cachet de Philippe V d'Espagne. Petits trous de vers.

8 — **Virgile.** Deux feuillets gr. in-folio, sur vélin, d'un manuscrit du XVe siècle, contenant les commentaires de Servius Honoratus sur les œuvres de Virgile.

Ces feuillets sont : l'un, le début des commentaires sur les *Bucoliques*, l'autre, le début des commentaires sur les *Géorgiques*.

Dans des bordures de largeur inégale formant encadrement, le premier feuillet offre des compartiments renfermant : les armes des Sforza-Visconti : d'argent à la guivre, en pal d'azur, surmonté du curieux cimier des Sforza ; — un portrait (celui-ci a été frotté) ; — une couronne ducale ; — des motifs ornementaux, dont quelques-uns sont accompagnés de personnages portant l'écu des Sforza ; — des enfants, dont les vêtements sont ornés de pièces des armoiries des Sforza. Ces mêmes pièces : bagues, époussettes, etc., remplissent d'autres compartiments et l'on y lit ces deux devises de la famille Sforza : *Merito et tempore* et *Mit Zeit.*

Initiale dorée : B, au milieu de laquelle se trouve une miniature représentant, dans un paysage, deux bergers jouant de la musette et du pipeau devant leurs moutons.

Le deuxième feuillet, dans des bordures analogues, porte une décoration plus riche que celle de la feuille précédente, et d'une très grande habileté d'exécution.

Aux motifs ornementaux, très finement traités, viennent s'ajouter, en d'heureuses dispositions, des personnages humains et des animaux d'un joli dessin.

Dans des médaillons, l'on retrouve : un portrait autour duquel on lit : *Sfortia tertius* ; des armoiries de la même maison, etc. Sur une banderolle que tient une colombe, est inscrite la devise : *A bon droit.*

Initiale dorée : V, placée sur une miniature représentant un paysan conduisant sa charrue que tire une paire de bœufs.

Dans la bordure inférieure, au-dessous du portrait : *Ambrosi Marliani opus.* Ce miniaturiste ne paraît connu que par cette œuvre aujourd'hui mutilée (cf. Bradley, *Dictionary of Miniaturists,* II, 262).

Ce manuscrit a figuré, complet, dans une vente faite à New-York, en 1886.

On y a joint deux fragments du même manuscrit : début du commentaire de la neuvième églogue, et début du commentaire du huitième livre de l'*Énéide,* chacun portant une initiale ornée.

Beaux et précieux documents de l'art de la miniature en Italie à la fin du xve siècle.

9 — **Antiphonaire.** — Feuillet d'antiphonaire italien, de la fin du xve siècle, sur vélin fort, in-fol.

Sur le recto, entre deux larges filets dorés, est peinte, en camaïeu sur fond bleu, une riche décoration formant encadrement et composée des motifs ornementaux les plus variés : rinceaux, arabesques, feuillages, animaux, masques humains, chimères, etc., très habilement exécutés. Au centre de la bordure inférieure, sont deux bustes de femmes, sortes de sirènes, soutenant des deux mains un écusson surmonté d'une crosse dorée. Au-dessus de l'écu, une banderolle sur laquelle on lit : *Petrus de Mantua...* (date ou mot effacé) *fecit.*

A l'angle supérieur gauche, une grande initiale (150 millim. × 150 millim.) enluminée, dans un cadre doré, offre en son milieu une miniature représentant le martyre de saint Étienne.

Il est rare de trouver des enluminures de ce genre portant le nom de leur auteur.

Quelques parties ont souffert.

10 — **Horæ.** — In-32 de 152 feuillets; veau brun, compart. de fers à froid, tr. dor. (*Rel. du XVIe siècle.*)

Joli manuscrit sur vélin, de l'extrême fin du xve ou même des premières années du xvie siècle, orné de seize miniatures, d'une lettre historiée au fol. 95 (la Vierge avec l'enfant Jésus) et de nombreuses initiales en or sur fond jaune foncé ou en couleurs sur fond d'or, ainsi que de riches encadrements formés de rinceaux avec des fleurs, des oiseaux ou des insectes sur fond d'or.

Les miniatures appartiennent à cette catégorie fort rare et extrêmement intéressante dans laquelle la grisaille, légèrement rehaussée de couleur, se mêle aux teintes traditionnelles. Dans plusieurs d'entre elles (fol. 29, 64 et 81), sont représentées des villes parmi lesquelles on a cru reconnaître la ville de Bourges, mais rien n'est moins certain. Il faudrait, en effet, y chercher plutôt des vues de villes des bords de la Loire, car le calendrier montre que ce livre d'Heures est très probablement à l'usage du diocèse d'Angers. Certains des saints qu'on y trouve sont particulièrement honorés dans cette région : « Translatio S. Mauritii » (15 janvier et 16 août) ; « Licini, episcopi Andegavensis » (13 février) ; « Albini, episcopi » (1er mars) ; « Benedicti episcopi Andegavensis » (15 juillet) ; « Mauritii episcopi » (13 septembre).

Le personnage pour lequel il a été fait y est représenté dans la miniature de l'Annonciation (fol. 29). C'est un homme vêtu d'une houppelande noire fourrée, nu-tête, avec des cheveux noirs et longs, à genoux sur un prie-dieu qui supporte un livre de prières comme le prie-dieu placé en face, sur lequel la Vierge est agenouillée. Au-dessous, sont peintes ses armes : *De gueules au crequier d'or*, avec deux anges pour supports, et pour cimier un casque fermé aux lambrequins rouge et or. Ces armes sont répétées aux fol. 24, 56 et 64. On a voulu y voir les armes d'un membre de la famille de Créquy, mais cette identification paraît peu admissible, parce que les armes de cette famille étaient : *D'or au crequier de gueules.*

On remarque, en outre, dans plusieurs des encadrements (fol. 24, 56, 64 et 70) les deux lettres D et M réunies par une cordelière, dont le sens n'a pas été déterminé.

	c	Peregrini epi.
xv	d	
iiii	e	
	f	Potentiane virg.
xii	g	Bernardini conf.
i	■	
	b	Helene Regine
ix	c	Desiderii epi.
	d	
xvii	e	
vi	f	Urbani pape
	g	Iohannis pape
xiiii	■	Guilhelmi duc. a[illegible]
iii	b	Maximini epi
	c	
xi	d	Petronille

Hélio Lith Marotte Paris

11 — **Horæ.** — Petit in-8, réglé, de 89 feuillets (le dernier manque), rel. en vélin, provenant d'un manuscrit, attaches de soie verte. (*Rel. anc.*)

Manuscrit sur vélin, de l'extrême fin du xve siècle, écrit en lettres gothiques et exécuté en Allemagne.

Il contient trois petites miniatures dans des initiales enluminées et à fond doré. La première page est ornée d'une bordure de rinceaux, fleurs et oiseaux, au bas de laquelle se trouvent deux blasons. Au-dessous, signature de sœur M. Hyacinthe Spiring, écrite à la fin du xvie siècle.

12 — **HORÆ.** — Très petit in-8° de 237 feuillets, mar. brun, larges dent. et milieux ornés, tr. dor., enveloppe de velours. (*Rel. anc.*)

TRÈS BEAU ET TRÈS IMPORTANT MANUSCRIT sur parchemin, de la première moitié du xvie siècle, orné de 9 grandes miniatures et de plus de 150 petites, dans le texte ou dans les marges, au-dessous des grandes et sur les pages qui leur font face.

Ces illustrations sont dues aux artistes de l'école dite Ganto-Brugeoise, qui a produit, de la fin du xv° au milieu du xvi° siècle, des œuvres si remarquables, parmi lesquelles il suffira de citer le *Bréviaire Grimani*, de Venise, l'*Hortulus animæ*, de Vienne, les *Heures* dites de Hennessy, de Bruxelles, etc.

Une prière, qu'on y trouve au fol. 205, et qui est attribuée à Jules II, pape de 1503 à 1513, — « Pater noster. Ave. *Julius secundus.* O Domine, Jesu Christe... » — ne permet pas d'en reporter la confection à une date plus ancienne que le premier quart du xvie siècle.

Son origine est, en outre, indiquée par certains noms de saints de son calendrier, qui sont plus particulièrement honorés en Belgique et sur les bords du Rhin : Ste Aldegonde, à Maubeuge (30 janvier); S. Lambert, à Liége (17 septembre); S. Valère (29 janvier), S. Materne (14 septembre), et S. Goar, à Trèves (6 juillet).

Le calendrier, qui occupe les feuillets 1-12, est non

seulement décoré dans le bas des scènes traditionnelles représentant les travaux des mois, mais encore, dans le reste de l'encadrement, de petits médaillons, en nombre variable, qui sont consacrés aux signes du zodiaque et aux principaux saints ou grandes fêtes du mois : Circoncision, Adoration des Mages, S. Georges, Ste Hélène, Ste Marie-Madeleine, etc., etc.

Toutes ces miniatures sont intéressantes ; on ne saurait, toutefois, leur reconnaître la même valeur; elles ne sont pas toutes dues aux meilleurs artistes de l'atelier dont le volume est sorti. Les grandes, en tout cas, et la plupart des petites doivent être comptées parmi les plus belles de l'art de la miniature à cette époque et dans ce pays. Les lointains, en particulier, y sont traités avec une rare connaissance des règles de la perspective.

Les 9 grandes miniatures sont consacrées aux sujets suivants : 1° S. Jean l'Évangéliste (fol. 16 v°). Le saint est nu dans une chaudière d'huile bouillante sur un feu qu'on attise, en présence d'un certain nombre de curieux dont les visages traduisent l'émotion et la surprise, sur l'un des côtés d'une place à maisons d'apparence flamande ; 2° Annonciation (fol. 33 v°) ; 3° Visitation (fol. 44 v°) ; 4° Nativité (fol. 56 v°) ; 5° Circoncision (fol. 62 v°) ; 6° Adoration des Mages (fol. 67 v°) ; 7° Massacre des Innocents (fol. 77 v°) ; 8° Assomption de la Vierge (fol. 86 v°) ; 9° Office des Morts (fol. 124 v°).

Toutes ces miniatures sont peintes au verso des feuillets. Leurs encadrements, comme ceux des pages qui leur font face, sont ornés d'autres miniatures plus petites aux sujets les plus divers. Dans la miniature de l'Assomption, la Vierge s'élève au-dessus d'un vaste paysage, au centre duquel on voit un port — fluvial, semble-t-il — avec ses bateaux et son estacade ; des monuments et des maisons le bordent sur plusieurs côtés. Le Massacre des Innocents s'accomplit sur un terrain occupé, dans le fond, par une ville et traversé, dans son milieu, par une rivière sur le bord de laquelle est amarré un bateau dont on a déchargé, avec une grue, des ballots et des tonneaux. Dans la marge inférieure, des enfants jouent aux osselets.

Certains des sujets des petites miniatures sont inattendus. Tel est celui (fol. 191) de cet homme d'une obésité si extravagante qu'il est obligé, pour porter son ventre, de se servir d'une brouette, ou encore celui de cette scène bachique (fol. 63) dans laquelle on voit un homme nu à cheval sur un tonneau — comme une sorte de Bacchus — tenant, dans sa main droite levée, un pot dont le couvercle est relevé, et ayant, au-dessus de sa tête, un cep de vigne chargé de raisins, qui, après être sorti de son flanc droit (comme un arbre de Jessé), se développe en guirlande, tandis que deux hommes, également nus, supportent le plateau sur lequel est placé le tonneau et tandis, aussi, qu'un jeune homme recueille dans une sorte de cafetière le vin qui, d'un jet très fort, coule du tonneau.

Un autre détail qui mérite, enfin, d'être signalé est la présence d'un nid de cigognes, au sommet d'une cheminée, dans la miniature qui accompagne celle de Ste Anne (fol. 195 v°).

La reliure est du XVIIIe siècle, mais elle a reçu postérieurement des additions (motif central et fleurons d'angles) qui la complètent harmonieusement.

13 — **Gebetbuch.** Petit in-8° de 41 feuillets, rel. en parchemin.

Manuscrit du commencement du XVIe siècle, sur parchemin, orné de plusieurs initiales peintes sur fond d'or et, à la fin, d'un bois colorié représentant Jésus sur la croix, des deux côtés duquel prient à genoux un homme et une femme. Il appartenait, au début du XIXe siècle, à la famille Engelstein de Uhlweiller (Alsace), dont plusieurs membres y ont ajouté un certain nombre de prières et leurs signatures.

14 — **Armorial allemand** contenant 739 blasons de princes et seigneurs allemands, pour la plupart. *S. l. n. d.* In-fol., bas. brune, dos orné, tr. rouges. (*Rel. anc.*)

Recueil de 235 planches de blasons, à raison d'un par page pour les grands personnages et de 4 par page pour la petite noblesse, il sont entièrement dessinés à la plume et soigneusement coloriés et gouachés. Le premier feuillet contient les armoiries de l'empereur romain et le second, celles de Charles-Quint, datées de 1546. D'après une note manuscrite ancienne, cet armorial, exécuté au XVIe siècle, contiendrait les armes des grands personnages et des nobles qui auraient fait partie de la Sainte-Ligue formée à Nüremberg en 1546 par Charles-Quint pour défendre la religion catholique contre la ligue protestante de Smakalde.

Réparations et cassures à plusieurs des planches, notamment à la planche 2 qui a été doublée.

15 — **Blason des armoiries,** en français. Petit in-4° de 120 ff., dont 8 de table, vél. à recouvrements (*Petitot.*)

Manuscrit du XVIe siècle, écrit en bâtarde et contenant 250 initiales et blasons en couleurs.

Au verso du dernier feuillet, avant la table : « Cy finit le susd[t] Livre du Blason des armoiries faict transcrire & coppier par Messire François du four, chevalier seigneur chastellain de fontaines, de chastel & des fiefs & siêuries du fosse-Urry, Gisay, Berneval & du Vjeure, gentilhoẽ ordinaire de la chambre du Roy sur un pareil Livre & manuscrit en parchemin a luy presté estant ez mains de Pierre Houel escuyer s[r] du Tremblay, l'un de ses amis.

« Auquel prît Ljure a esté faict dresser & adiouster par icelluy seigneur de fontaines la Table qui ensuit, laquelle manquoit à l'original de celuy dud[t] s[r] du Tremblay. »

16 — **Balldung (Jean).** Thesaurus insignorum : Das ist ein ausserlasens Wappennbuoch von Vil und Mancherlaij Nationen Insoñderzait aber dess... Teütschen Lanndts... *S. l.* (1604). 3 part. en 1 vol., pet. in-fol., vélin. (*Rel. anc. réparée.*)

Manuscrit composé d'un titre, de 3 pages contenant la dédicace de l'auteur (Joan. Caspar à Leonibus dictus

Balldüng) à Maximilien et les armes de ce dernier dans un grand cartouche, de 4 pages prélim., de 233 pages contenant environ 2.788 blasons coloriés et gouachés, surmontés de leurs cimiers, et de 37 pages de table.

17 — **Armorial allemand** contenant 112 blasons de princes et seigneurs allemands, de 1467 à 1608, in-4° oblong, dos et coins de vélin, têt. dor., non rogné. (*Rel. mod.*)

Recueil de 36 planches de blasons, dessinés à la plume, et soigneusement coloriés, gouachés et rehaussés d'or et d'argent.

Le premier blason est celui de l'évêque de Bâle, il est daté de 1608.

18 — **Stumphius.** Manuscrit nobiliaire allemand rédigé vers l'an 1660, comprenant 879 blasons en 1 vol. in-fol., demi-rel. mar. rouge, dos orné, tr. rouges. (*Rel. mod.*)

Ces blasons, dessinés à la plume, coloriés et gouachés, sont divisés comme suit : Empereurs (de Charlemagne à Sigismond d'Autriche) et ducs de Bavière, 8 feuillets. Les portraits, en pied, de ces personnages accompagnent les blasons; le dernier portrait représente Godefroy de Bouillon, duc de Brabant, roi de Jérusalem. — Dignitaires du saint Empire, 96 blasons. — Grands maîtres de l'Ordre Teutonique, 48 blasons. — Comtes, barons et seigneurs allemands, 415 blasons. — Armorial d'Helvétie et divers États, 243 blasons.

Le volume est terminé par les « Insignia ex sigillis desumpta », 47 pièces non coloriées.

Quelques rares blasons sont restés en noir ou en partie coloriés,

Recueil intéressant, débutant par un curieux titre dessiné à la plume, colorié et gouaché.

19 — **Armorial allemand.** *S. l. n. d.*, in-8, vélin, tr. jasp. (*Rel. anc.*)

Armorial manuscrit exécuté à la fin du XVIIe siècle et contenant 90 blasons dessinés à la plume et coloriés. Un, celui de Klinglin, a été ajouté, il est orné d'un bel encadrement.

Recueil resté inachevé.

INCUNABLES

LIVRES DU XVIe SIÈCLE

20 — **Albertanus** Causidicus Brixiensis. De arte loquendi et tacendi. (F. 1, r° :) Tractatus de doctrina dicendi et tacendi ab albertano || causidico Brixiensi de ore beate agathe cōpositus. Sub || anno. M. ccc. lv. feria quarta post vincula petri || [I] Nicio medio etc. (Explicit f. 10, r° :) cta tibi narrare. vt ad eterna gaudia nos faciat puenire || Amen. *S. l. n. d.* (*Strasbourg*, imprimeur du *Henricus Ariminensis*), in-fol., goth., de 10 ff. non chiff. ni sig., 32 ll., rubr., sans init. imprim. Cartonn. moderne en papier gris.

Hain 394. Proctor 304. Pellechet 252.

21 — **Albertus Magnus.** (F. 1, r° :) Liber de laudib. glosissime dei genitricis marie semper || virginis famosissimi sacre pagine interptis dn̄i albti mag || ni de laugingen radispanen̄ ep̄i necn̄o p̄dicatoz ordīs p || fessoris celeberrimi incipit feliciter. (A la fin :) Explicit tractatus de laudibus gloriosissime dei ge- || nitricis marie semp virginis famosissimi sacre pagine in= || terpretis dn̄i alberti m̄gni de laugingē radispanen̄ episco || pi nec non

predicatoz ordinis professoris teleberrimi. *S. l. n. d.* (*Bâle, **Michel Wensler***). In-fol. goth., de 190 ff. dont le dernier blanc, ni chiff. ni sign., 34 ll., sans init., dos et coins de veau racine. (*Rel. du XIX*e *siècle.*)

Hain 462. Proctor 7465. Pellechet 297
Bel incunable à grandes marges

22 — **Albertus Magnus.** (F. 1, r° titre :) Albertus magnus super mis || sus est. subtiliter ac eleganter || ostendens ineffabiles gloriose virginis Marie laudes. (F. 2, r° :) Incipit plogus in opus virginis glori || ose (2 col. et demie de prologue, 6 et demie de titres des chapitres, puis au f. a 4, 2e col. r° :) Missus est Angelus Gabriel. (A la fin, F. m. 7, 1e col. v° :) Tu || autem dne miserere nostri. Deo gratias. *S. l. n. d.* (*Strasbourg, **Martin Schott***). In-fol. goth. de 90 ff. non chiff., le dernier blanc, 2 col., 53 ll., init. peintes en rouge, dos et coins de vél., non rogné. (*Rel. du XIX*e *siècle*).

Hain 463. Proctor 404. Quelques petits trous de vers.

23 — **Augustinus** (S. Aurelius). F. a 1 (f. 12) r° : Canones Aurelii Augustini || iuxta triplicē quā edidit re || gulam omni statui modū || vivendi prestantes. (F. a 2 (f. 13) r° 2 :) Tilm Limpergeri praefatio ad Nicolaum Friess, episc. Tripolitanum. (A la fin :) *Opus canonum Aurelij Augustini. cum noua ac preclara in= || terpretatione Ambrosij choriolani viri prestantissimi. generalis= || magistri toti9 ordinis heremitarum divi Augustini. perspe= || ctabiles viros. Tilmanū limperger. ordinis heremitarum sancti || Augustini. fratrē. Iacobū fedderer. Iohannē scherrer. artiū li= || bera-*

lium pfessores ꝛ sacre théologie bacchalarios formatos ex || *quisitissime castigatum atqꝫ reuisum est. Impressūqꝫ Argentine* || *arte ꝛ impēsis solertissimi viri Martini schott. Anno salutꝫ. M.CCCC.XC* (1490). In-fol. goth. de 2 ff. non chiff. de titre et de préface, 133 ff. chiff., 2 ff. blancs et 11 ff. non chiff. de table, 2 col., 52 ll., sans init. imprim., cartonn. dos et coins de vélin. (*Rel. du XIXe siècle.*)

Hain 2076. Proctor 403.

Ouvrage orné de 3 belles figures sur bois à pleine page représentant saint Augustin, dont la dernière est répétée deux fois.

D'après Hain, les 11 feuillets de table devraient se trouver en tête du volume avant le titre.

Petite bande de papier imprimé collée sur le titre et couvrant le mot « vivendi ».

24 — **Avicenna.** Canonis libri V. (f. 1 blanc; f. 2 r°, sign. aij :) Liber canonis primus quem princeps aboali ab || insceni de medicina edidit : translatus a magistro || Gerardo cremonensi de toleto ab arabico in latinū || Uerba aboali abinsceni. (A la fin :) Regis aboali hassem filii hali abinsceni liber tot⁹ || finitus est vna cum tractatu de viribus cordis transla || to ab Arnaldo de vilanoua. *Impressus ꝛ diligentissi* || *me correctus mādato et impensis nobilis viri Octa* || *uiani Scotis ciuis modoetiensis. Uenetiis. Anno sa-* || *lutis. M.CCCCXC* (1490) *die. 24. Martij.* In-4° goth. de 434 ff. non chiff., dont le premier blanc ; marque de l'imprimeur au dernier f., 2 col., 60 ll., sans init., dos et coins de peau de truie, estampés à froid, plats de parch. vert provenant d'un manuscrit, tr. rouges. (*Rel. du XVe siècle.*)

Hain 2206. Proctor 5021.

Piqûres de vers aux premiers feuillets.

25 — **Barberiis** (Philippus de) Opuscula. (F. 1 v° :) Tractatus. Sollemnis. Et. Vtilis || editus per religiosum uirū magistrū. Philippū || Syculū Ordinis predicatorum Sacre theologie || pfessorē integerrimū in quo infrascripta per pul || chre compilauit... (A la fin :) Finit donatus theologus, et la marque de l'imprimeur au milieu du Registrum. *S. l. n. d.* (*Rome, Sixt. Riessinger de Argentina*), in-4° de 68 ff. non chiff., 28 ll., veau brun, tr. jasp. (*Rel. du XVII*e *siècle.*)

Hain 2453. Proctor 3954. Pellechet 1841.

Imprimé en petits caractères romains. Selon le P. Audiffredi, les presses romaines du xve siècle n'ont rien produit de plus beau, de plus élégant et de mieux orné que ce petit livre ; il contient neuf opuscules divers indiqués, sauf le dernier « Donatus theologus », dans la table placée sous le titre; il est orné de 13 figures xylographiques, dont 10 ont été assez grossièrement coloriées anciennement, en tout ou en partie, de 8 initiales ornées de rinceaux sur fond criblé et d'un bel encadrement de rinceaux avec armoiries au bas.

L'exemplaire comporte 68 et non 66 feuillets comme le signale Hain.

Titre doublé, petites piqûres de vers et déchirures réparées à la marge inférieure de beaucoup de feuillets, atteignant parfois le texte.

26 — **Bartholomaeus** de Chaimis de Mediolano. (F. 1, r°, titre :) Confessionale Bartholomei ||. de chaimis de mediolano or= || dinis minorum. (v° blanc ; f. 2, r° :) Incipit interrogatoriū sine cōfes- || sionale p venerabilē fratrē Bartho || lomeū de chaimis de mediolano or || dinis minoz cōpositū in loco sancte || marie de angelis apud mediolanū : z || distinguit in quatuor partes p̄inci= || pales. (A la fin, f. 73, r°, avant la table :) *Impres-*

sum Auguste per Erharduz || Ratdolt Anno. dñi. M. cccc. x c j (1491). In-4° goth. de 73 ff. chiff. et 1 f. portant au recto la marque de l'imprimeur imprimée en rouge et noir, 2 col., 44 ll., 9 init. ornées, dos de veau brun, ais de bois, traces de fermoir. (*Rel. anc.*)

Hain 2489. Proctor 1894.

Mouillures et petites piqûres de vers.

Inscriptions manuscrites sur le titre, et notes marginales.

27 — **Boëce.** (F. 1, r°, titre :) Boecius der hochberumpt || meister und Poet võ dem || trost der weissheit. (F. 2, r° :) Anicii Manlii Torquati Seũerini Boecij || Ordinarij Patricij viri exconsulis das || erst buch von dem trost der Weissheit. || Die ausslegung des tytels || zu teütsch. (A la fin, f. 107, v° :) *Getruckt unnd vollendet durch || Johannem Schot zu Strass- || burg vff Montag nach sannt || Johans enthaubtung. Anno || M. funffhundert.* (1500) et marque d'imprimeur avec les lettres I. S. In-4° goth. de 106 ff. non chiff., 28 ll., veau marb., dos orné, tr. marb. (*Rel. anc.*)

Hain 3359. Proctor 763.

Deux grandes figures et six curieuses initiales formées de personnages et d'animaux, gravées sur bois.

Reliure aux armes de Marie-Auguste de Sultzbach.

La moitié inférieure du titre manque et a été remplacée par une feuille blanche. Incomplet des feuillets n 7, n 8 et o 1.

28 — **Brunschwig** (Hieronymus). Chirurgia (F. 1, r°, titre :) Dis ist das buch der Ci= || rurgia. Hantwirck || ung der wundartzny von || Hyerōimo

brūschwig. (A la fin :) *Und durch iohannes grü || niger gedruct vnd volendt zu stras | burgt vff zīstag nachsantpeter vn̄||pauls dag, Anno dn̄i. M. ccc.xcvii* (1497). In-fol. goth. de 6 ff. prélim. et de 120 ff. mal chiff., 2 col., 42 ll., vélin blanc à recouvr. portant les inscriptions : Hans Reh. 1604. (*Rel. anc.*)

Hain 4018. Proctor 481.

Quarante-sept figures sur bois, très intéressantes, dont plusieurs répétées.

Le sixième feuillet préliminaire a été placé par erreur entre le premier et le deuxième feuillet. Les deux premiers feuillets sont doublés. Quelques mouillures ; légères piqûres de vers ; quelques annotations marginales manuscrites.

29 — **Brunschwig** (Hieronymus). Liber de arte distillandi de Simplicibus. | Das buch der rechten Kunst zu distilieren die eintzigē ding. *Strasbourg, Grüninger*, 1500, in-fol. goth. de 10 ff. prélim. non chiff. (sur 18) et de 209 ff. chiff. (sur 212), 2 col., 46 et 47 ll., init. impr., ais de bois recouverts de veau brun à compart. entièrement ornés à froid, traces de fermoirs. (*Rel. anc. fatiguée.*)

Hain 4021.

Nombreuses figures sur bois coloriées à l'époque. Incomplet du titre, des six premiers feuillets de la table des chapitres, du premier feuillet de texte (signé C 1) et des feuillets 15, 124 et 212 (dernier du volume). Cassures réparées à plusieurs feuillets, quelques mouillures et piqûres de vers dans le texte et la reliure ; annotations marginales manuscrites anciennes.

Une figure aux feuillets 46 et 77 a été découpée et enlevée.

30 — **Decreta. : Sabavdie : Ducalia :** tam uetera q̄ noua : ad || iusticiam et rem publicam gubernandā : ppe diuina : Suasu atqz || ope preclari iurisutrius. qz doctoris : domini : Petri : care : Duca || lis consiliarii : aduocatiqz fiscalis : Taurini impressa per insignē|| Ioannem Fabri lingonēn.... Anno a natali christiano : Milessimo : quatuorcentessimo sptu || gessimo septimo (1477) : Quintodecimo Kalendas decembris. (A la fin :) *Explicit Tavrini : p Egregium Magistrum : Iohannem || fabri lingonensis : || Laus : deo :* Pet. in-fol. de 7 ff. prélim. de table, 170 ff. non chiff., 31 ll., init. peintes en rouge, mar. vert jans., dent. int., tr. dor. (*Pagnant.*)

Hain 14050. Proctor 7217.

Édition princeps, très rare, des *Statuta Sabaudiæ*; elle est imprimée en caractères ronds, par Jean Lefevre, de Langres. Cet incunable est le cinquième volume imprimé à Turin depuis la découverte de l'imprimerie.

31 — **Disceptatio** oratorū duorum regū || Romani scilicet et Franci super ra || ptu Illustrissime ducisse britannice. *S. l. n. d.*, pet. in-4° goth. de 6 ff. non chiff., mar. rouge, 2 fil. à froid, dent. int., doubles gardes, tr. dor. (*Closs.*)

Pellechet 4344.

Pièce très curieuse et très rare relative au mariage d'Anne de Bretagne et de Charles VIII. Elle contient des lettres et des vers que s'adressent réciproquement Robert Gaguin, au nom du roi de France, et Jacobus Phiniphelingus (Wimpeling), au nom de Maximilien d'Autriche, roi des Romains. Ces lettres sont datées de Spire et d'Heidelberg, 1492. Sur le titre, belle gravure sur bois représentant le roi des Romains, le roi de France et la duchesse de Bretagne. Cet ouvrage aurait été imprimé à Lübeck, par Stephanus Amdes.

32 — **Garlandia** (Johannes de) Cornutus. (F. 1. r°, titre :) Cornutus magistri Joannis || de Garlandria. (F. 57, r°, à la fin :) Expositō disticij seu cornuthi noui necnō an || tiqui Magistri Ioannis de Garlādria cū || sententijs textuū ac lucida terminoruz de= || claratōe exq̄z pluribus autoribus breuiter z || plane collectis. *Impressa imperiali in oppido || Hagenaw per Henricū Gran ciuē eiusdeꝫ || opidi. Sub anno salutis Millesimo. Qua= || dringentesimo. Octuagesimo nono* (1489). In-4° goth. de 1 f. de titre, 57 ff. chiff. et 6 ff. non chiff. de table, 35 ll., sans init. imprimée, cartonn. papier.

Hain 7470. Proctor 3169.

Réimpression, sous la date de 1489, du premier ouvrage imprimé à Haguenau, qui porte la date de 1488 et comporte le même nombre de feuillets.

33 — **Horatius**. Opera (F. 1, r°, titre :) Horatij flacci Uenusini || Poete lirici opera cū qui= || busdam Annotatōib⁹. Imaginibusqz pulcher || rimis. Aptisqz ad Odarū concētus z sentētias. (F. 2, r° :) Jacobi Locher philomusi poete laureati Epigrāma. (Au f. 207, v° :) *Elaboratum impressumqꝫ est. Hoc elegans. Orna- || tum : spledidum : comptumqꝫ Horatii flacci Venusini. lyrici Poete opus... : imperialiqꝫ vrbe Argentina. opera || & impensis sedulis qqꝫ laborib⁹ Prouidi viri Iohanis Reinhardi cognomēto Gürninger ci || uis eiusdē vrbis argētinensis : q̄rto idus Marcij. absolutū vero Anno domini M. cccc. xcviij* (1498). In-fol. goth. de 6 ff. prélim. non chiff. de titre, dédicace et de prosodie, de 207 ff. chiff., le dernier portant la marque de l'im-

primeur et 6 ff. non chiff. de table, 24 ll., cuir de Russie, 5 fil. gras et maigres, dos orné de fil., dent. int., tr. dor. (*Rel. angl. du XIXe siècle.*)

Hain 8898. Proctor 489.

Cette édition des œuvres d'Horace commentées par Jacob Locher, et imprimée à Strasbourg en caractères romains par Grüninger, peut être mise au rang des éditions princeps, n'ayant pas été faite sur des textes imprimés, mais sur des manuscrits trouvés en Allemagne; elle est ornée de nombreuses figures sur bois, dont plusieurs répétées; certaines d'entre elles avaient déjà été publiées dans l'édition des Œuvres de Locher données en 1497 par le même imprimeur.

Le titre est remargé et doublé; réparation à la marge du feuillet 123.

Exemplaire court de marges en tête; le titre courant est souvent atteint.

34 — **Locher** (Jacobus) (F. 1, r°, titre :) Libri philomusi. Pane- || gyrici ad. Regē Tragediā || de Thurcis et Suldano || Dyalog⁹ de heresiarchis. (A la fin :) *Actum Argentine per Magistrum Iohannē || Grüninger. Anno christo salutifero* 1497. In-4° de 62 ff. non chiff., 31 ll., rubr., mar. La Vall., 3 fil. à froid, pet. dent. int., tr. dor. (*Thompson.*)

Hain 10153. Proctor 483.

Curieux ouvrage par la « Tragœdia de Turcis » qu'il renferme; cette pièce bizarre, partagée en 5 actes, est écrite partie en prose et partie en vers. Il est orné de 20 figures sur bois, dont 16 différentes.

35 — **Lombardus** (Petrus). Libri Sententiarum. (F. 1, r°). Incipit textus sententiarum... (A la fin, avant la table :) *Anno dñi millesimoquadringentesi* || *mooctuagesimosexto* (1486) *octavo nonas* || *marcii textum sententiarū... in egregia urbe Basileēn.* || *Nicola' Kesler fœliciter cōsummavit.* In-fol. goth. à 2 col. de 232 ff. non chiff. dont 1 blanc, 54 ll., sans init., rubr., cartonn. pap.

Hain 10190. Incomplet du titre.

36 — **Matheolus** Perusinus. Tractatus clarissimi philosophi et || medici Matheoli perusini de memo || ria augēda p regulas et medicinas. (A la fin :) *Explicit tractatus de mēoria editus in Italia* || *a dño Matheolo medicine doctore famosissimo.* || *mortuo, Anno dñi millesimo quadringentesimo se=* || *ptuagesimo. S. l. n. d.* (Augsbourg, *Johann Schaur,* vers 1470) in-4° goth. de 6 ff. non chiff., 30 ll., cartonn. pap. (*Rel. du XIXe siècle.*)

Hain 10909. Proctor 1924.

Au-dessous du titre, curieuse figure sur bois représentant les signes du zodiaque surmontés de Dieu entouré de deux anges et 4 initiales ornées.

Notes marginales manuscrites de l'époque.

37 — **Molitor** (Ulricus). De laniis et phito || nicis mulieribus || Teutonice vnholden vel hexen. (A la fin :) Ex constañ. anno dni . m . cccc . lxxxix die deci || ma iauarii. *S. l. n. d.* (*Strasbourg, Martin Flach*), pet. in-4° goth., cartonn. demi-vélin (*Rel. mod.*)

Hain 11536.

Exemplaire très incomplet ne contenant que le feuillet de titre avec, au verso, une figure xylographique, et les six derniers feuillets signés, d-d 6 (dont le dernier blanc). Au recto du premier f. d est une deuxième figure xylographique, à pleine page comme la première.

38 — **Niger** (Franciscus). Ars epistolā || di Francisci nigri veneti || doctoris clarissimi. (A la fin :) *Opusculū hoc de arte scribendi epistolas quādiligētissime emendatum || Charactere, Impressum Anno dn̄i. M. cccc. xcix.* (1499), *s. l.* (*Cologne*), in-4° goth. de 32 ff. chiff., 42-43 ll., sans init. — **Wimphelingius** (Jacobus). Jacobi Wimphelin || gi Sletstattensis Elegantiarum medulla. || oritoriaqz precepta. In ordinem inuentū || facilem. copiose. clare breuiterqz reducta. (F. 34, à la fin de la lettre de Théodoric Gresmundt :) Ex Moguncia. xvii. || Kalen̄. Novembris Anno salutis nostre. M.ccc.xciii. *S. l. n. d.* (*Spire, Conrad Hist,* vers 1493), in-4° goth. de 34 ff. non chiff., 34-35 ll., sans init. — Ens. 2 ouvr. en 1 vol., cartonn. dos et coins de vélin, plats pap. doré à ramages ancien. (*Rel. du XIXe siècle.*)

Pour le premier ouvrage, voir Hain 11883; et pour le deuxième, Hain 16167, Proctor 2425.

Figure sur bois sur le titre des deux ouvrages, représentant un maître enseignant à des élèves. Chaque figure est différente.

39 — **Obsequiale Ratisbonense.** (F. 2 a, r° :) Incipit obsequiale siue benedictiōale ssm || ɔsuetudīne eccl̄ie z dyocesis Ratisponēss. (F. 128, r° :) *Liber obsequioꝝ seu benedictionū ssm or= || dinē ꝝ ritū alme eccl̄ie Ratisponēn. indu- || stria ꝝ impenss Jeorgij Stuchs de Sulcꝝ || pach. Nurnberge impressus finit feliciter || Anno domini M. cccc. xci.* (1491) *menss Februa- || rii die duodecimo.* In-4°, goth., de

128 ff. non chiff., 20 ll., texte imprimé en lettres de missel rouges et noires, init. en rouge et en bleu, ais de bois recouverts de veau brun, compart. de fil. et de fers à froid différents pour chaque plat, traces de fermoirs et de cabochons. (*Rel. du début du XVI*[e] *siècle.*)

Hain 11931. Proctor 2267.

Figure sur bois à pleine page, représentant un évêque agenouillé devant le pape; cette figure a été coloriée et les initiales du premier feuillet du texte ont été enluminées.

Musique notée accompagnée de son texte.

Annotations manuscrites anciennes sur le dernier feuillet de garde.

Déchirure à la marge inférieure des premiers feuillets atteignant parfois le texte.

Reliure fatiguée.

40 — **Rolewinck** (Werner). Hie hebt sich an das || register über das gãtz buch das man nẽnet ein || bürdlin d̄ zit. Nach ordenũg des abc uñ ist zu || wissen... vom anfang der welt zu welcher zit... (A la fin :) *Gedruckt aber gerecht suber und rein durch Hermeyster Bernhart Richel burger ʒu* || *Basel alss mã ʒalt nocht der geburt christi. M.cccc.lxxxi* (1481) *ior pridie Kl. septembris.* In-fol. goth. de 15 ff. prélim., dont 13 de table et et 2 d'introduction, et de 126 ff. mal chiffrés (le dernier chiffré cxxx), 43 ll., 1 init. impr., fig. sur bois, mar. orange à longs grains, fil. et armes à froid. (*Rel. mod.*).

Hain 6939. Proctor 7536.

Bel exemplaire de cette traduction allemande du *Fasciculus temporum,* imprimée à Bâle par Bernhard Richel.

Annotations manuscrites de l'époque à la table.

41 — **Schedel** (Hartmann). Liber chronicarum. (F. 1, titre :) Registrum || huius ope- || ris libri cro- || nicarum || cū figuris et ymagī- || bus ab inicio mundi *Nuremberg*, *Koburger*, 1493, gr. in-fol., peau de mouton, fil. à froid. (*Rel. anc. fatiguée.*)

Hain 14508. Proctor 2084.

Cet ouvrage, connu sous le nom de *Chronique de Nuremberg,* est orné de plus de 2.000 figures sur bois, intéressantes, dont plusieurs répétées.

Exemplaire bien complet. Mouillures, piqûres de vers au commencement et à la fin du volume ; quelques cassures réparées et quelques salissures.

Quatre figures ont été en partie coloriées en rouge; gribouillage à la plume sur une autre.

Annotations manuscrites anciennes sur le titre et dans les marges.

42 — **Schedel** (Hartmann). Liber chronicarum, gr. in-fol., veau fauve, dent., dos orné, tr. marbr. (*Rel. du XIX*e *siècle.*)

Même édition que la précédente.

Incomplet de deux des trois feuillets blancs (260-261) qui ont été remplacés par deux feuillets anciens, également blancs, mais sans numéro de pagination, et d'un feuillet blanc non chiffré.

Exemplaire dont le titre est doublé; les feuillets 4 et 5 sont un peu plus courts que les autres ; quelques trous de vers.

43 — **Schedel** (Hartmann). Liber chronicarum, gr. in-fol., basane bistre, compart. de fil. avec fleurons d'angles à froid. (*Rel. du XVIII*e *siècle.*)

Même édition que la précédente.

Exemplaire dont les figures ont été coloriées anciennement et dont les initiales ont été peintes en rouge et en bleu.

Exemplaire court en tête et défectueux.

Neuf feuillets (2, 6, 7, 12, 13, 15, 17 et deux feuillets blancs, dont le 259 et un non chiffré) manquent.

Une partie du titre et des feuillets 183, 285, 299 et 300 manque également.

Mouillures, salissures, nombreuses déchirures et cassures réparées; annotations manuscrites sur le titre et un feuillet blanc.

44 — **Servius** Honoratus (Maurus). Commentarius super Virgilium. (F. 1, r°, 1re col. :) Mauri Seruii Honorati grāmatici : ɔmē || tarius in bucolica Virgilii incipit. (A la fin, avant la table, F. 159, r°, col. 1 :) Sic || homerus. Amen. *S. l. n. d.* Gr. in-fol. de 181 ff., ni chiff., ni sign. (dont 22 de table), 2 col., 56 ll., ais de bois recouverts de peau de truie, compart. de fil. ornés de médaillons à froid, et des mots : ihesus-maria répétés, fermoirs. (*Rel. du XV siècle.*)

Hain 14703. Proctor 244.

Ouvrage qui aurait été imprimé à Strasbourg, de 1470 à 1472, par l'imprimeur à la lettre R. Initiales peintes en rouge et en bleu.

45 — **Simoneta** (Johannes). Commentaria rerum gestarum Francisci sfortiae. (Au recto du dernier f. :) Iis commentariis ab primo Alphonsi in Italiam ad || ventu et ab quarto et vicesimo supra quadrin || gentesimum et milesimum anno a natali chri || stiano ad sextum et sexagesimum usque annum || non divi Francisci sphortiae solum sed omni || um italicorum populorum regum et rerum pu || blicarum facta domi forisque continentur. || ...ea nunc re || gnante Johanne Galeacio. VI. Mediolani duce

au || spiciis et iussu illustrissimi Lodovici Sphortiae || *Antonius Zarotus impressit Mediolani decimo* || *Kalendas februarias, s. d.* (1479), in-fol. de 290 ff. non chiff., 42 ll., vélin. (*Rel. anc.*)

Hain 14753, qui cite le vol. sans indiquer le nombre de ff. — Proctor 5804, donne le 24 janvier [1479 (?)], comme date.

Première édition de cet ouvrage imprimée en lettres rondes.

Mouillures et piqûres de vers aux derniers feuillets.

46 — **Stoflerinus** (Ioannes). Elucidatio fabricae ususque Astrolabii, jam denuo ab eodem vix aestimãdis sudoribus recognita diligẽter locupletataqz : et tandem nõ minore diligentia Cobelianis typis excusa. *Oppenheim* (*aedibus Jacobi Cobelii*), 1524. In-fol. de 10 ff. prélim. non chiff., et de 78 ff. chiff., veau fauve, riches compart. de fil. droits et courbes entrelacés, avec ornements d'angles et petits fers, dos orné, tr. dor.

Deuxième édition de cet ouvrage, ornée d'un bel encadrement du titre, de nombreuses figures sur bois et d'initiales ornées.

Exemplaire de **Grolier**, dont la reliure a été refaite au début du XIXe siècle. Les plats de l'ancienne reliure ont été rapportés avec soin sur la nouvelle. Le premier porte le titre du livre et : *Io Grolierii et amicorum;* et l'autre, la devise de Grolier.

47 — **Tagliente** (Giov. Anton.). Lo presente libro insegna la vera arte de lo excellente scrivere de diverse varie de litere..... opera de Tagliente; *Venetia per Francesco Rampazetto,* 1562, in-4° de 25 ff. non chiff. ni sign., mar. rouge, dent., doubl. de tabis rose. (*Rel. anc. espag.*)

Les pages sont fortement tachées d'huile et l'exemplaire est incomplet du second feuillet.

48 — **Voragine** (Jacobus de). Legenda aurea. (f. a 1 blanc). (F. a 2, r° :) Incipit prologus super. || legendas sanctoruz quas collegit in vnū frā || ter iacobus de voragīe natione ianuensis or- || dinis fratrum predicatorum. (3 pp. pour le prologue et la liste des fêtes des saints.) (f. a 4, r° :) Incipit legenda sanctorum || que lombardica nominatur historia... (F. c 6, r°, à la fin :) Explicit legenda aurea siue || lōbardica histo. iacobi d̄ veragīe epī ianuen̄. (f. c 6, v° :) Sequūtur legende post cor || pus voluminis p maiori vtilitate adiuncte... (f. E 2, v°, à la fin :) Nota qz aliqn̄ post notabile || sequūtur plures numeri et hoc est qz illd̄ no || tabile in pluribus legendis reperit : qz in tot || legendis quot sunt numeri. Item aliqn̄ plu- || res littere diuerse sequutur nunerz et hoc est || qz illud̄ notabile pluries in vna et eadem le || gendan inucnitur : sed in capitulis diuersis. *S. l. n. d.* In-fol., goth., de 226 ff. non chiff., dont les 9 derniers de table, avec la marque de l'imprimeur, 2 col., 51 ll., initiales et têtes de chapitres peintes en rouge et en jaune, vélin. (*Rel. du XVIII*[e] *siècle.*)

Non cité par Hain.

A la fin du dernier feuillet, marque de Guillaume Balsarin, libraire et imprimeur à Lyon, de 1487 à 1500. Cette édition a dû être imprimée vers 1493, la bibliothèque de Lyon possédant un exemplaire de ce livre portant un envoi daté de cette année.

Exemplaire à toutes marges, NON ROGNÉ, condition rare pour un livre de cette époque.

49 — **Voragine** (Jacobus de) (F. 1, r° :) Lombardica historia que a plerisqz || Aurea legenda santorū appellatur. (F. 2, r° :) Incipit tabula super || legendas sanctorum sm ordinem alphabe || ti collecta. Et pmo p̄mittitur prologus qui || ostēdit modum reperiendi materias ꝯten- || tat in diuersis locisbui' volumis. (A la fin :) ***Impres* || *se Argentine Anno dn̄i M. cccc x c vj*** (1496). ***Fini* || *te circa festū ascensionis dn̄i.*** In-fol., goth., de 1 f. de titre non sig., de 13 ff. prélim. et de 250 ff. non chiff., le dernier blanc, 2 col., 46 ll., initiales peintes en rouge et en bleu, cartonn. du XVIIIe siècle, papier marbré.

Proctor 630 ; non cité par Hain.
L'imprimeur est celui du *Jordanus de Quedlinburg*.
Le feuillet de titre a été doublé.

RELIURES
DU XVe AU XVIIe SIÈCLE
FRANÇAISES, ITALIENNES, ALLEMANDES
PERSANES ET ARABES

50 — **Almain** (Jacobus). Moralia acutissimi r clarissi- || mi Doctoris theologi Magistri Jacobi almain : cũ ad || ditionibus eiusdem || et David cranston scoti non ante- || hac impressis || neqz in aliis appositis. *Venundantur Parrihisiis ab || Egidio de Gourmont commorante in vico diui Jaco || bi : in intersignio Trium Coronarum. S. d.* In-8, goth., de 4 ff. prélim. et de 135 ff. chiff., 45-46 ll., init. ornées, rubr., veau fauve, compart. de fil., le premier plat représentant le martyre de saint Sébastien; le deuxième, la crucifixion, dans des encadrements ornés de fleurs et d'animaux, le tout frappé à froid, cordons. (*Rel. du XVIe siècle.*)

Inconnu à Brunet.

Le titre, imprimé en rouge et en noir, porte la marque de Gilles de Gourmont.

Quelques mouillures et légère cassure réparée.

Curieuse reliure du XVIe siècle ornée de deux marques différentes d'André Boule.

51 — **Libri De Re Russica.** M. Catonis lib. M. Terentii Varronis lib. III. L. Iunii Moderati Columellœ lib. XII. Eiusdem de arboribus liber separatus ab. aliis. Palladii lib. XIIII Etc. Etc. A la fin : *Venetiis in aedibus hœredum aldi et andreae soceri, mense Decembri* MD XXX III (1533), gr. in-8°, car. ital., de 54 feuillets prélim. et de table, 295 ff. chiff. et 1 f. avec l'ancre aldine, mar. rouge, plats et dos entièrement ornés de compart. de fil. droits et courbes entrelacés, de rinceaux, branches de laurier et petits fers, tr. dor. (*Rel. anc.*)

Belle reliure française de la fin du xvie siècle, qui peut être attribuée aux Ève. Sa conservation est parfaite.

52 — **Polybe**. Deux Restes du sixiesme liure des histoires de Polybe : touchant les diverses formes de Republiques. Et de l'exellence de la Romaine. Gr. in-8°, de 10 et 82 ff., veau blanc, compart. de cire rouge à la Grolier sertis dans des fil. dorés droits et courbes entrelacés et fleurons dorés ; devise du connétable de Montmorency au centre de chaque plat, dos orné de losanges dorés, tr. dor. (*Rel. anc.*)

Manuscrit sur vélin, écrit en belle bâtarde, commençant par une longue dédicace, au connétable Anne de Montmorency, de Michel Haches qui fit traduire ses fragments par Loys Maigret.

En plus des deux restes du sixième livre, on trouve à la fin du manuscrit l'« Extrait des histoires de Polybe touchant l'assiette du camp des Romains, lequel on peut raisonnablement estimer estre une partie de son sixiesme » et « Ung reste du seiziesme livre de Polybe ».

Très belle et précieuse reliure à la devise du connétable Anne de Montmorency, n'ayant subi aucune restauration ; la cire des compartiments est en partie effacée.

4 feuillets ont été mouillés.

53 — **Seneca** (L. Annaeus). L. Annaei Senecae et aliorum tragœdiae serio emendatae. *Amsterodami, Janssonius,* 1646, pet. in-16 réglé, titre gravé, mar. rouge, compart. de fil. droits et courbes, milieu orné au pointillé et à pet. fers, avec motif central de mar. vert, dos orné, dent. int., tr. dor. (*Rel. anc.*)

Petite reliure du XVIIe siècle, dans le genre de celles portant le monogramme d'Habert de Montmor.

54 — Velours grenat provenant d'une reliure in-4° ayant très probablement renfermé un évangéliaire ou livre d'heures.

Curieux document de la fin du XVe siècle, pouvant facilement s'adapter à une nouvelle reliure. Sur un des plats, en relief : saint Pierre assis, et sur l'autre : deux saints, debout, tenant un reliquaire.

N. B. *Voir N° 46, reliure faite pour Grolier.*

---

55 — **Aretino** (L.). Au début du premier f. : Leonardi Aretini In commentarios. De primo bello punico prephatio. Incip. Petit in-4°, ais de bois recouverts de mar. rouge, les 2 plats entièrement couverts de compart. de fil., d'entrelacs de filets, de petits caissons formés également de fil., dos orné, fermoirs, tr. dor. (*Rel. anc.*).

Manuscrit italien, de la fin du XVe siècle, écrit en lettres gothiques sur vélin. La première page est ornée d'une bordure, sur trois côtés, et d'une grande initiale renfermant une petite miniature représentant l'auteur, assis, tenant un livre à la main ; une autre initiale se trouve au début de chacun des trois livres de ce commentaire. Ces quatre initiales sont peintes sur fond d'or.

TRÈS RICHE ET TRÈS CURIEUSE RELIURE NAPOLITAINE de la fin du XVe siècle. Sa conservation est parfaite.

56 — **Daniello** (Bernardino). La Poetica di Bernardino Daniello... *In Venetia per Giouan' Antonio di Nicolini da Sabio*, 1536, pet. in-4°, mar. rouge, triple encadr. de fil. droits et courbes, motifs d'angles et semis de petits fers dorés; médaillon sur chaque plat, dos orné, tr. dor. (*Rel. anc.*)

Très jolie reliure italienne, d'une parfaite conservation, sauf une légère restauration aux deux coiffes, portant sur chaque plat l'emblème de Demetrius Canevarius, médecin du pape Urbain VIII.

De la bibliothèque Robert Hoë.

57 — **Jacobi Præfecti Siculi** de Verbo Dei Cantica. Au verso du dernier f. : *Neapoli Ioannes Sultzbacchius i sua officina excudebat*... 1537. Pet. in-4°, mar. grenat, plats entièrement couverts de compart. noirs, avec motifs de cire argentée sertis dans des fil. dorés, droits et courbes. Le centre du premier plat est occupé par le titre de l'ouvrage, le second, par deux triangles entrelacés, tr. dor. (*Rel. anc.*).

Recueil de 11 cantiques en vers latins se composant de 48 feuillets y compris celui du titre et le feuillet blanc final. Le titre de l'ouvrage a été recouvert et écrit de nouveau en lettres d'or sur fond pourpre et la page est entourée d'un encadrement en bleu et rouge. Les initiales des têtes de chapitres sont rehaussées d'or sur fonds de couleur.

Exemplaire imprimé sur *peau de vélin,* dans une jolie reliure italienne, très légèrement restaurée.

58 — **INSTRUCTIONS** données par Marino Grimani à Zuanne Lippomano, nommé capitaine (gouverneur) de Candie. Texte en italien et en latin; pet. in-4°, plats de nacre recouverts de compartiments

entrelacés et d'une bordure en cuir en relief, dos de cuir ; ces parties de cuir sont entièrem. couvertes d'arabesques et d'ornements dorés sur fonds bleu ou écarlate, de même que les parties visibles, en creux, des plaques de nacre. Dans le médaillon, au centre du premier plat, le lion de saint Marc, et sur l'autre plat, les armes du doge M. Grimani, tr. dor. (*Rel. vénitienne du XVIe siècle.*)

Manuscrit sur vélin, calligraphié en belle écriture italique, avec toutes les initiales et le titre de départ en lettres d'or. La dernière pièce est datée du 4 avril 1598.

Somptueuse reliure, chef-d'œuvre du genre ; sa conservation est excellente, ce qui est fort rare.

59. — **Instructions** militaires et civiles données par Jérôme Priolo, doge de Venise, au proviseur Gabriele di Canali ; manuscrit de 86 feuillets gr. in-8°, mar. rouge, encadr. de fil. dorés, milieux, angles et médaillons en creux avec ornements en relief sur fond d'or, dos orné, tr. dor. (*Rel. du XVIe siècle.*)

Manuscrit sur vélin, rédigé en latin et en italien, et daté, à la fin, du 27 juin 1562. Le premier feuillet est occupé par une grande miniature à deux personnages représentant la Justice et l'Armée, avec le Lion de saint Marc. Cette miniature est placée dans un encadrement formé de cariatides, d'amours, de figures de fleuves et de fruits, avec armes au bas.

Reliure vénitienne du seizième siècle, dans le style arabe. Sur le premier plat, le lion de saint Marc peint en or, et sur le second, les mêmes armoiries que celles qui se trouvent au bas de la miniature. Sans doute les armoiries de G. di Canali.

60 — **Ordonnances** relatives à l'église de Saint-Marc, de Venise (en tête du premier f., commenc. de la table : Incomincia la tavola della commissione del Clar^{mo} Signor Francesco Priolo Procurator della Chiesa di San Marco...). In-4°, peau entièrement laquée bleu foncé, ornée de riches compart. formés de rinceaux, milieux, coins et médaillons en creux à fond d'or orné de rinceaux style oriental modelés et mosaïqués en bleu et rouge, doubl. de mar. rouge, fil., coins et milieux ornés sur fond d'or, tr. dor. (*Rel. du XVIe siècle.*)

Beau manuscrit calligraphié en belles bâtardes, avec titres en rouge et très nombreuses initiales en or sur fond rouge ou bleu. A la fin : *Presbyter Joannes Vitalis Bruxianus Protonotarius Apostolicus scripsit et eiteris aureis ornavit hunc librum, anno salutis 1571.*

Très riche et très curieuse reliure vénitienne du xvie siècle, exécutée tout à fait dans le style arabe. Au milieu du premier plat, le lion de saint Marc et sur le second, des armoiries, sans doute celles de F. Priolo.

Cette reliure n'a subi aucune restauration ; les plats, dont la conservation est parfaite, sont en partie détachés du dos.

61 — **Valerius Maximus** nuper editus. (A la fin :) *Venetiis in aedibus haeredum Aldi et Andreae soceri, mense martio*, 1534, pet. in-8°, mar. brun, riches compart. en creux, peints en rouge et dorés, sur fond de petits points dorés, doublé de mar. jaune, coins et milieux ornés de petits compart. dorés sur fond bleu, au-dessus du milieu, animaux : biches, lapin, etc., tr. dor. (*Rel. du XVIe siècle.*)

Très curieuse reliure vénitienne, style arabe, contenant, sur la doublure du premier plat, les armes du doge Comaro.

62 — **Anthologia gnomica.** Illustres veterum graecae comoediae scriptorum setentiae, prius ab Henrico Stephano qui et singulas Latinè convertit, editae ; nunc duplici insuper interpretatione metrica singulae auctae, ...Joh. Posthii et P. L. auspiciis collectae a Christiano Egenolpho Fr. (A la fin :) *Impressum Francofurti ad Moenum, apud Georgium Corvinum, impensis Sigismundi Feyerabendii,* 1579, in-8° de 8 ff. prélim. et de 186 ff. chiff. (sur 190), veau brun, dent. argentée, milieu et angles ornés d'entrelacs en cires de diverses couleurs sur fond doré, dos orné argenté, tr. dor. et ciselées, cordons. (*Rel. du XVI*e *siècle*).

Très curieuse reliure saxonne d'une conservation parfaite.

Nombreuses figures sur bois à pleine page, répétées plusieurs fois; elles sont intéressantes pour les costumes; deux ont été coloriées et rehaussées d'or et d'argent à l'époque.

Cet exemplaire, incomplet des feuillets 9, 87, 89 et 114, a servi de *livre d'ami* et possède quelques inscriptions manuscrites dans le texte et sur 6 feuillets blancs à la fin de l'ouvrage.

63 — **Carmina** quinque illustrium poetarum ; quorum nomina in sequenti pagina continentur (P. Bembus, — And. Naugerius, — Balth. Castilion, Joan. Cotta, M. Ant. Flaminius). Additis nonnullis M. Antonii Flaminii libellis nunquam antea impressis. *Venetiis, Presb. Hieronymus Lilius et socii excudebant*, 1558, pet. in-8° de 184 ff. chiff., vélin, fig. de la Justice, sur le premier plat, de Lucrèce se donnant la mort, sur le deuxième, dans un large encadr. à compartiments ornés de pet. figures, dont celles de la Justice et de Lucrèce (*Rel. anc.*).

Jolie reliure allemande du xvie siècle, dont l'ornementation a été dorée au lieu d'être poussée à froid comme d'habitude. La date de 1553 se trouve au bas d'une des petites figures de l'encadrement.

64 — **Pantaleon** (Henricus). Prosopo- ‖ graphiae herovm atque illustrium virorum totius Germaniae pars prima (secunda, tertia)... *Basileae, in officina Nicolai Brylingeri, Anno* 1565-1566, 3 part. en 1 vol. in-fol., ais de bois recouverts de veau brun, compart. de fil. à froid, complètement ornés; portrait, en cires de diverses couleurs, d'Éléonore, duchesse de Wurtemberg, entouré de ses armes, au milieu du premier plat; de ses armes seules mosaïquées sur le deuxième plat, dans des encadrements mosaïqués, angles ornés, dorés et mosaïqués, dos orné, tr. dor. et ciselées, fermoirs. (*Rel. anc.*)

Première édition de cet ouvrage recherché, orné de nombreux portraits gravés sur bois.

Curieuse reliure allemande qui a subi quelques réparations et dont la dorure est un peu effacée.

Portrait découpé à la page 75 de la 3e partie.

RELIURES ET MANUSCRITS
ARABES ET PERSANS

65 — **Coran** (fragment de). Très petit in-4° de 16 ff. sur parchemin fort, rel. en mar. vert jans., tr. dor. (*Rel. mod.*)

Versets du Coran en écriture cufique du XIIIe siècle de notre ère, avec petits ornements dorés et accentuation en bleu et noir.

66 — **Coran.** In-8°, cuir brun avec parties découpées formant arabesques et médaillons sur fond de soies vert et bleu, avec compart. de mar. rouge, doublé de mar. fauve, avec encadrement d'ara-

besques dorées sur fond bleu, ou en partie découpés, formant arabesques en relief et dorés, angles, milieux et médaillons d'arabesques dorées sur fond rouge ou bleu. (*Rel. anc.*)

Manuscrit du XVIIe siècle, écriture Naski, dont deux pages sont ornées de fleurs et d'encadrements d'arabesques.

TRÈS CURIEUSE RELIURE PERSANE.

67 — **Coran** de 1793, orné de 2 feuillets enluminés. Petit in-8°, mar. rouge, milieu et angles en creux remplis d'ornements en relief sur fond d'or, rabat. (*Rel. anc.*)

Reliure arabe de l'époque du Coran.

68 — **Mahzen-el-Emur.** Poésies. In-4°, rel. laquée, ornée d'un large encadrem. de fleurs sur fond doré, entourant un décor de larges fleurs : roses, œillets, etc. et d'un oiseau sur fond écarlate; la doublure égalem. laquée en bleu foncé, ornée d'un petit encad. et d'un milieu et de 2 pet. médaillons de roses sur fond or. (*Rel. anc.*)

Manuscrit persan de la fin du XVIIIe siècle (an de l'Hégire 1139) orné de 2 pages très richement ornées d'un ensemble d'arabesques de diverses couleurs sur fond d'or, de 2 miniatures à pleine page et de nombreux bandeaux à l'intérieur du manuscrit.

Reliure de l'époque bien conservée.

69 — **Manuscrit arabe** sur les médicaments, in-12, mar. noir, avec angles et milieu en creux ornés de fleurs et peints en blanc, avec rabat orné de même. (*Rel. anc.*)

Manuscrit et reliure de la fin du XVIIe siècle.

70 — **Poésies persanes.** In-8°, dos de mar. rouge, plats en cuir brun ornés d'un encadrement et d'un grand milieu en creux à fond d'or et dont le décor représente des biches et oiseaux dans un paysage d'arbres avec fleurs; doublé de mar. brun découpé avec fonds bleu et vert couverts d'arabesques dorées. (*Rel. anc.*)

Manuscrit persan du XVIe siècle, dans une très curieuse reliure perso-chinoise de l'époque du manuscrit.

71 — **Reliure arabe.** Plats de reliure ayant contenu un ouvrage sur l'astronomie, de la fin du XVIe siècle; in-16.

Curieuse reliure arabe; elle est en veau fauve couvert de figures et inscriptions astronomiques en caractères arabes.

72 — **Sahir Fargadi.** Poésies. Manuscrit pet. in-4°, mar. brun, dent., très richement orné dans les angles et au milieu, de très jolis ornements et d'animaux sur fond d'or, rabat orné de même, doublure de mar. fauve, angles et milieu ornés d'arabesques sur fond bleu, entourées d'un décor dor. (*Rel. anc.*)

Manuscrit persan du commencement du XVIe siècle (an de l'Hégire 880) orné de deux très belles pages contenant le titre en lettres d'or et entièrement couvertes d'ornements, fleurs, rinceaux peints en diverses couleurs sur fond doré.

TRÈS CURIEUSE ET RICHE RELIURE PERSANE de l'époque du manuscrit.

LIVRES D'AMIS

73 — **Livre d'ami** d'Erasme de **Fürtenbach,** de Lindau, daté de 1578-1579, in-8°, mar. brun, compart. de fil., fleurons aux angles, oiseau perché sur un pot de fleurs au milieu, dos orné, tr. dor. et ciselées. (*Rel. italienne du XVIe siècle.*)

Ce recueil, formé pour un commerçant allemand établi à Venise, contient 47 dessins rehaussés d'or et d'argent, dont 26 d'armoiries et 21 de costumes, emblèmes et de sujets divers : galères, scènes, notamment celle de Suzanne et des deux vieillards. Ces dessins, fort bien exécutés (certains sont des portraits), sont accompagnés de devises et d'autographes en allemand et en d'autres langues, voire même en arabe.

74 — **Livre d'ami** de Hans **Grundlach,** de Nüremberg. In-4°, ais de bois recouverts de mar. brun, compart. de fil. dor. et à froid et d'encadr., fleurons aux angles, lettres H. G. I. sur le premier plat, dos orné, tr. dor., angles, milieux et fermoirs de cuivre orné. (*Rel. du XVIe siècle.*)

Recueil composé à Lyon et à Besançon, de 1587 à 1590, comprenant 34 gravures et 122 miniatures. Les gravures, de *Martin de Vos* gravées par *Ph. Galle* et *Sadeler*, sont coloriées et représentent des scènes de la

6

Bible et les martyres de plusieurs saintes. Les miniatures comportent 65 armoiries, d'une exécution très soignée, et 57 planches de costumes et portraits (dont ceux de la reine Élisabeth d'Angleterre, d'Henri III et de Louise de Lorraine) et de scènes diverses : un baptême, un feu de joie, Orphée charmant les animaux sauvages, la lapidation de saint Étienne, etc.

Ces aquarelles sont fort intéressantes, la plupart sont des costumes français et quelques sujets des aquarelles sont des plus curieux; nous citerons : une aquarelle semblant représenter un mari attachant une ceinture de chasteté à sa femme. — Une curieuse scène occupant deux pages et représentant une vieille tenant enchaîné à son bras gauche un jeune seigneur qu'elle mène à une jeune femme richement habillée, prise dans des rets. La main droite de la vieille tient la bourse du jeune seigneur, qu'elle montre à la jeune femme. Cette scène, d'une jolie exécution, porte le monogramme de l'artiste sur un cartouche attaché à une branche d'arbre.

Une autre aquarelle représente un ami du possesseur de cet album amicorum, Georges Schenck, à cheval, en saint Georges, recouvert d'une riche armure et terrassant le dragon.

75 — **Livre d'ami** de Léopold Christophe, baron d'**Herberstein**. In-16 oblong, veau fauve, compart. de fil. et dos orné à froid. (*Rel. anc.*)

Recueil composé au XVIIe siècle, contenant 52 armoiries peintes, un certain nombre dans des couronnes de laurier, et 17 miniatures représentant des costumes féminins très finement aquarellés, une scène fort curieuse de joueurs de croquet.

Parmi les pensées et inscriptions manuscrites, on remarque, au début du volume, les signatures de Charles Ier d'Angleterre, de sa sœur Élisabeth et de son beau-frère Frédéric, électeur Palatin.

Les diverses inscriptions de ce petit volume sont datées de 1615 à 1681.

76 — **Livre d'ami** de Nicolas **Malaparte**, daté de Venise, 1588, in-4° oblong, vélin, dent., angles et milieu ornés, dos orné, attaches. (*Rel. anc.*)

Album contenant 63 dessins à la plume, coloriés et rehaussés d'or et d'argent, exécutés à Venise par *Giacomo* et *Hendrick Vaulemens* et à Zurich par *Joanes Huldericus Grebelius;* 11 représentent des armoiries et 52, fort intéressants, des costumes du doge de Venise et de sa suite, de femmes nobles de diverses villes d'Italie, principalement de Gênes, Bologne et Venise, de gondoles, de cortèges et cérémonies du pape et du doge, parmi lesquelles une fête donnée à Venise où figure, au premier plan, le Bucentaure entouré de gondoles et de vaisseaux de gala avec, au fond, les fortifications de la ville, miniature d'une exécution remarquable pour sa finesse et la beauté de son coloris. Une autre miniature, de la même main que la précédente, représente une distribution faite dans une église à des paralytiques.

Une curieuse et fine miniature sur vélin, rapportée dans le volume, représente le sujet de la fameuse planche de la « Courtisane vénitienne » du recueil de Bertelli.

77 — **Livre d'ami** de O. R. **von Nostitz**, in-8° oblong, vélin, initiales O. R. V. N. sur le premier plat, dos orné, tr. dor. (*Rel. anc.*)

Recueil composé au XVIIIe siècle, contenant 21 blasons finement dessinés, coloriés, gouachés, rehaussés d'or et d'argent et des devises et pensées, poésies manuscrites, en allemand, en français et en latin.

78 — **Livre d'ami** du Docteur Bernardus **Paludanus**, de Peyden. Pet. in-8° de 592 ff., ais de bois recouverts de veau brun, compart. de fil., fleurs de lis aux angles, nom du possesseur sur le premier plat, milieux ornés, fermoirs, dos orné de fleurs de lis. (*Rel. anc.*)

Recueil formé aux XVIe et XVIIe siècles, contenant de nombreuses figures gravées : portraits de Paludanus et de grands personnages (Élisabeth d'Angleterre, Rodolphe, archiduc d'Autriche, Philippe II, Henri III et Henri IV, par *Wierix*, — Henri II et Catherine de Médicis et autres par *Joos de Bosscher*. — Marguerite de Navarre, Elisabeth d'Angleterre, Louise de Savoie et autres, par *Hogenberg*, etc.), costumes, Passion gravée par *Ad. Collaert* (24 pl.), 32 pl. d'emblèmes de *Joss de Bosscher*, impératrices et empereurs romains par le même, ainsi que beaucoup de dessins coloriés et rehaussés d'or, représentant des personnages accompagnés de leur blason, des costumes divers, des navires et gondoles, scènes de mœurs, etc.

Très nombreuses annotations et pensées manuscrites, en diverses langues, parmi lesquelles on remarque les signatures de Maurice de Nassau, Henry de Nassau, fils de Guillaume d'Orange, des ducs de Wurtemberg, de Bavière, de Saxe, de Jacques de Montgommery, de Scaliger, et de divers princes et de grands personnages.

Recueil fort intéressant pour les costumes, bien que les dessins soient en général assez naïvement exécutés.

Quelques cassures. Sur le dernier feuillet, intéressante note autographe de Johann. Noa de Ron, écrite en allemand, datée de Francfort-sur-l'Oder, 1786, disant que ce livre fut découvert il y a plus de cent ans en Haute-Allemagne, dans un couvent de Jésuites, lors de la suppression de l'ordre; tombé en sa possession, il le donna au descendant de Paludanus, conseiller aux États généraux des Pays-Bas.

Bernard ten Brocke, en latin Paludanus, érudit hollandais, 1550-1663. Reçu en 1580, docteur en philosophie et en médecine, à Padoue, il obtint les titres de protonotaire et de comte Palatin.

79 — **Livre de la famille** de **Ploed**. In-4°, ais de bois recouverts de veau noir, inscription : « Christof Ploed, 1526 », et ses armes au-dessous sur le premier plat; motif sur le deuxième dans des encadr. ornés à froid, dos orné, tr. jaunes, angles en cuivre et fermoirs. (*Rel. du XVI*e *siècle.*)

Ce volume débute par une belle miniature à pleine page sur vélin, contenant les armoiries de la famille Ploed, dans un fort joli encadrement, orné de figures allégoriques et des blasons des alliances de la famille Ploed.

33 pages contiennent les portraits de divers membres de cette famille, représentés debout et tenant leur blason. Ces dessins, fort curieux, sont exécutés à la plume et à l'aquarelle et sont du plus haut intérêt pour les costumes de l'époque et des plus curieux par leur date précise de 1525.

80 — **Livre d'ami** de Fréd. Rod. **Ryhiner,** de Bâle, daté de Colmar 1786-1788, pet. in-8°, mar. vert, encadr. à la grecque et pet. dent. avec fleurs aux angles, dos orné, tr. dor. (*Rel. anc.*)

Recueil de feuillets orné d'un joli ovale gravé par *J.-B. Boillot;* deux sont remplis par des portraits en silhouette. Devises, pièces de vers et annotations en allemand, en latin et en français.

81 — **Livre d'ami** de Valentin **Sebitz**, de Strasbourg, 1600, in-12, mar. rouge, fil., fleur de lis aux angles, dos orné, tr. dor. et ciselées. (*Rel. anc.*)

Recueil contenant 48 miniatures, dont 11 d'armoiries et 37 représentant des costumes de toutes les conditions, principalement ceux de Nuremberg, et des sujets galants ou des scènes de mœurs, notamment une brasserie et un cortège.

Ces miniatures, très intéressantes pour les costumes et les mœurs de l'époque, sont très finement faites, coloriées, gouachées et rehaussées d'or et d'argent.

82 — **Livre d'ami** de Georg **Wubbekatze,** 1638-1644, très pet. in-4, mar. noir, riches compart. de dentelles et petits fers couvrant entièrement les plats, au milieu desquels se trouve un petit médaillon contenant le buste de Gustave-Adolphe, dos orné d'une fleur et d'une bande alternées, tr. dor. ciselées, fermoirs, dans un étui en vélin, forme livre, avec large dent. et milieu orné couvrant tout le plat, dos orné, doublé de soie bleue, attaches. (*Rel. et étui anciens*).

Recueil composé de 28 dessins en noir, à la plume et à l'encre de Chine : le Christ et les apôtres, encadrements de blasons et d'ornements divers et de 2 miniatures à pleine page : l'une représentant le songe de Jacob et l'autre les armes, finement exécutées, de Christine de Suède. Tous ces dessins semblent être de G. Wubbekatze, la plupart portant le monogramme G. W., dont la première miniature. Annotations et pensées manuscrites, parmi lesquelles on trouve les signatures autographes de Christian de Danemark (Christian IV) et de Madeleine-Sybille de Saxe.

Riche et belle reliure, dont la conservation est irréprochable.

Ce livre aurait aussi appartenu au célèbre artiste Hettinger, d'après deux notes manuscrites.

83 — **Livre d'ami gravé.** Album amicorum habitibus mulierum omniū nationū Europae, tum tabulis ac scutis vacuis in æs incisis adornatum. *Lovanii apud Joannem Baptistam Zangrium,* 1601, in-4° oblong, veau, semis de croisettes, encadr. et angles ornés, avec, au milieu, dans un médaillon ovale, un amour visant avec un arc un cœur portant le mot « Vénus » retourné et placé au-dessus d'une ville, semis de petits fers dorés, dos orné, tr. dor. (*Rel. anc.*)

Encadrement du titre gravé, 3 feuillets de texte gravé et 68 figures, dont 32 représentant des costumes, et les autres des cartouches vides ; 25 chansons françaises manuscrites et notes sur les blasons de différentes familles flamandes.

Cette édition de cet album amicorum diffère du second tirage décrit par Brunet ; elle ne contient pas les portraits signalés par ce dernier et les planches sont moins nombreuses, elles sont d'ailleurs d'un tirage superbe.

Très curieuse reliure.